***

INSTRUCTION

SUR

Les Poids et Mesures métriques

Qui doivent être exclusivement employés
en France, à partir du 1ᵉʳ Janvier 1840.

CONTENANT :

1° *La loi du 4 Juillet 1837* qui fixe au 1ᵉʳ Janvier 1840 l'adoption exclusive des Poids et Mesures métriques ;

2° *Notice* expliquant ce que c'est que les Mesures métriques, et pourquoi on les a établies ;

3° *Tables de comparaison* entre les nouvelles et les anciennes Mesures, avec des *Tables pour connaître* les prix correspondant d'une Mesure à l'autre.

On y a joint :

Une Instruction sur le temps vrai et le temps moyen, et des tables pour régler convenablement les montres et les horloges.

PRIX : 60 CENTIMES.

——

MEAUX :

Chez A. CARRO, imprimeur, rue Bossuet.

——

1839.

***

INSTRUCTION

SUR

Les Poids et Mesures métriques

Qui doivent être exclusivement employés en France, à partir du 1er Janvier 1840 ;

CONTENANT :

1º *La loi du 4 Juillet 1837* qui fixe au 1er Janvier 1840 l'adoption exclusive des Poids et Mesures métriques ;

2º *Notice* expliquant ce que c'est que les Mesures métriques, et pourquoi on les a établies ;

3º *Tables de comparaison* entre les nouvelles et les anciennes Mesures, avec des *Tables pour connaître* les prix correspondant d'une Mesure à l'autre.

On y a joint :

Une Instruction sur le temps vrai et le temps moyen, et des tables pour régler convenablement les montres et les horloges.

—

MEAUX :

Chez A. CARRO, Imprimeur, rue Bossuet.

—

1839.

MEAUX. — IMPRIMERIE DE A. CARRO. 1839.

INSTRUCTION

Sur les Poids et Mesures métriques.

——————

Loi relative aux Poids et Mesures.

4 juillet 1837, promulguée le 8 du même mois.

Art. 1. Le décret du 12 février 1812, concernant les poids et mesures, est et demeure (1) abrogé.

2. Néanmoins, l'usage des instrumens de pesage et de mesurage confectionnés

———

(1) Ce decret autorisait la création d'instrumens de pésage et mesurage assujétis aux nouvelles dimensions, et portant néanmoins les anciens noms ; ainsi on établit une *toise* de deux mètres, un double *boisseau* d'un quart d'hectolitre, une *livre* d'un demi-kilogramme, une *aune* de cent vingts centimètres. C'était un embarras de plus, et un nouvel obstacle à l'adoption définitif des mesures métriques.

en exécution des articles 2 et 3 du décret précité sera permis jusqu'au 1er janvier 1840.

3. A partir du 1er janvier 1840, tous poids et mesures autres que les poids et mesures établis par les lois des 18 germinal, an III (1) et 19 frimaire an VIII (2), constitutives du systême métrique décimal, seront interdits sous les peines portées par l'article 479 du Code pénal.

4. Ceux qui auront des poids et mesures autres que les poids et mesures ci-dessus reconnus, dans leurs magasins, boutiques, ateliers ou maisons de commerce, ou dans les halles, foires ou marchés, seront punis comme ceux qui les emploieront, conformément à l'article 479 du Code pénal.

____

(1) On trouvera ci-après le tableau des mesures légales établies par cette loi.

(2) Cette loi fixait définitivement la valeur du mètre et du kilogramme.

5. A compter de la même époque, toutes dénominations de poids et mesures autres que celles portées dans le tableau annexé à la présente loi, et établies par la loi du 18 germinal an III, sont interdites dans les actes publics ainsi que dans les affiches et les annonces.

Elles sont également interdites dans les actes sous seing privé, les registres de commerce et autres écritures privées produits en justice.

Les officiers publics contrevenans seront passibles d'une amende de vingt francs, qui sera recouvrée sur contrainte, comme en matière d'enregistrement.

L'amende sera de dix francs pour les autres contrevenans : elle sera perçue pour chaque acte ou écriture sous signature privée ; quant aux registres de commerce, ils ne donneront lieu qu'à une seule amende pour chaque contestation dans laquelle ils seront produits.

6. Il est défendu aux juges et arbitres de rendre aucun jugement ou décision en faveur des particuliers sur des actes, registres ou écrits dans lesquels les dénominations interdites par l'article précédent auraient été insérées, avant que les amendes encourues aux termes dudit article aient été payés.

7. Les vérificateurs des poids et mesures constateront les contraventions prévues par les lois et réglemens concernant le système métrique des poids et mesures.

Ils pourront procéder à la saisie des instrumens de pesage et de mesurage dont l'usage est interdit par lesdites lois et reglemens.

Leurs procès verbaux feront foi en justice jusqu'à preuve contraire.

Les vérificateurs prêteront serment devant le tribunal d'arrondissement.

8. Une ordonnance royale reglera la manière dont s'effectuera la vérification des poids et mesures.

Tableau des mesures légales.   (Loi du 18 germinal an III.)

NOMS SYSTÉMATIQUES	VALEUR.	OBSER- VATIONS
Mesures de longueur		
Myriamètre. . . .	Dix mille mètres.	
Kilomètre.	Mille mètres.	
Hectomètre. . . .	Cent mètres.	
Décamètre.	Dix mètres.	* L'étalon prototype en platine, déposé aux archives le 4 missidor an VIII, donne la longueur légale du mètre quand il est à la température zéro
MÈTRE.	*Unité fondamentale des poids et mesures (dix millionieme du quart du méridien terrestre)	
Décimètre.	Dixième du mètre.	
Centimètre.	Centième du mètre.	
Millimètre.	Millième du mètre.	
Mesures agraires.		
Hectare.	Cent ares ou dix mille mètres carrés.	
ARE.	Cent mètr. carrés, carré de 10 mètres de côté.	
Centiare.	Centième de l'are, ou mètre carré.	
Mesures de capacité pour les liquides et les matières sèches		
Kilolitre.	Mille litres.	
Hectolitre.	Cent litres.	
Décalitre.	Dix litres.	
LITRE.	Décimètre cube.	
Décilitre.	Dixième du litre.	
Mesures de solidité.		
Décastère.	Dix stères	
STÈRE.	Mètre cube.	
Décistère.	Dixième de stère.	

Suite du Tableau des mesures légales.

NOMS SYSTÉMATIQUES	VALEUR.	OBSERVATIONS
Poids.		
. . . .	Mille kilogrammes, poids du mètre cube d'eau et du tonneau de mer.	
. . . .	Cent kilogrammes, quintal métrique.	
KILOGRAMME . .	Mille grammes, poids dans le vide d'un décimètre cube d'eau distillée à la température de quatre dégrés centigrades *.	
Hectogramme. . .	Cent grammes.	* L'étalon prototype en platine, déposé aux archives le 4 messidor an VII, donne, dans le vide, le poids légal du kilogramme.
Décagramme . . .	Dix grammes.	
GRAMME.	Poids d'un centimètre cube d'eau à quatre dégrés centigrades.	
Décigramme. . . .	Dixième du gramme.	
Centigramme. . .	Centième du gramme.	
Milligramme. . . .	Millième du gramme.	
Monnaie.		
FRANC.	Cinq grammes d'argent au titre de neuf dixièmes de fin.	
Décime.	Dixième du franc.	
Centime.	Centième de franc.	

Conformément à la disposition de la loi du 18 germinal an III, concernant les poids et les mesures de capacité, chacune des mesures décimales de ces deux genres a son double et sa moitié.

NOTICE

Expliquant ce que c'est
que les Mesures métriques,
ET POURQUOI ON LES A ÉTABLIES.

———✳———

Les anciennes mesures avaient de
graves inconvéniens; un surtout, était
leur défaut d'uniformité. Dans des pays
quelquefois voisins on trouvait des mesures qui n'avaient ni les mêmes noms
ni les mêmes dimensions. Souvent encore, des mesures de même nom avaient
des dimensions fort différentes; ainsi
il y avait des arpens de 80 perches, de
100 perches, de 120 perches; il y avait
des perches de 18 pieds, de 18 pieds 4
pouces, de 20 pieds, de 22 pieds etc., il
y avait des aunes de diverses longueurs,
des livres de 16 onces et des livres de
12 onces, des setiers, des boisseaux de
diverses grandeurs etc. etc.

On comprend que de semblables différences d'un bout de la France à l'autre,

étaient, pour les affaires et pour le commerce, la source d'une confusion infinie; il est facile aussi de concevoir que des mesures uniformes pour toute la France, une fois établies, seront en définitive plus commodes, comme il en est de la monnaie qui est la même dans tout le royaume.

Depuis long-temps on avait reconnu l'embarras causé par cette multitude de mesures diverses, mais on reculait toujours devant la difficulté d'en établir d'uniformes, et de les faire adopter, parceque rien n'est plus tenace que la routine.

Une autre difficulté se présentait. Quelles mesures choisir parmi ce nombre, pour les rendre générales? On aurait bien pu choisir celles de Paris par exemple; mais elles avaient comme toutes les autres mesures anciennes, un grand défaut, c'était la manière mal ordonnée dont elles se divisaient, les unes par demie, par tiers, quarts, huitièmes, comme l'aune, d'autres par six par douze, comme les toises et les pieds, d'autres par seize, par huit, comme les livres, les onces etc. etc. Il en résultait des fractions dont le calcul était beaucoup plus difficile à apprendre que ne l'est tout le système des mesures métriques.

On résolut de créer des mesures toutà-fait nouvelles qui iraient de dix en dix, soit en descendant, par dixièmes, centièmes, millièmes, etc. soit en montant, ce qui est conforme à notre système de chiffres qui marchent aussi par dix. (1)

On voulut que toutes les mesures dependissent d'une seule, et pour cet effet on commença par établir avec des soins

---

(1) Maintenant que les monnaies décimales ont tout a fait remplacé les anciennes, il est aisé de reconnaître combien ces nouvelles monnaies sont commodes, et combien leur marche décimale facilite les calculs. Il en sera de même des mesures, quand les nouvelles seront aussi adoptées complétement

dont le détail n'entre pas dans le cadre de cette instruction, une mesure de longueur que l'on nomma MÈTRE (ce mot vent dire mesure).

Ce mètre ou cette mesure a servi pour établir toutes les autres, et voici comment :

Pour *les mesures des champs*, on a adopté un carré ayant 10 mètres de côté on l'a nommé ARE.

Pour *les mesures de solidité*, on a pris le mètre cube, c'est-à-dire un bloc carré ayant un mètre sur tous sens, on l'a nommé STÈRE.

Pour *les mesures de capacité*, on a adopté la contenance d'un vase cubique ayant la dixième partie d'un mètre sur tous sens, on l'a nommé LITRE.

Pour *les mesures de poids*, on a pris le poids d'une quantité d'eau contenue dans un vase cubique ayant la centième partie d'un mètre sur tous sens ; on l'a nommé GRAMME.

Les monnaies elles-mêmes, ont été

comprises dans ce système , en ce que le *franc* pèse 5 *grammes* , ainsi à défaut de poids on peut se servir de pièces de monnaie (1).

C'est ce rapport de toutes ces mesures au mètre , qui les a fait nommer *mesures métriques*.

Ce système repose sur des bases si convenablement entendues , que lorsqu'on s'occupa de le regler , le gouvernement français invita les puissances étrangères à prendre part à un objet d'un intérêt aussi général. Plusieurs envoyèrent à Paris des hommes distingués qui se réunirent à cet effet aux commissaires de l'institut national de France ; aussi ce système s'est-il dejà introduit chez les étrangers , et il est probable qu'un jour, l'uniformité des poids et mesures et leur calcul décimal seront aussi repandus que l'arithmétique qui

____

(1) Ainsi 100 francs en pièces de 5 francs pèsent un demi kilogramme.

nous est commune avec tant d'autres peuples.

Une fois le MÈTRE fixé , ainsi que l'ARE , le LITRE , le STÈRE , et le GRAMME qui sont comme les mesures fondamentales, on en a formé les autres mesures, en ajoutant à ces noms les mots suivans :

En montant :

Deca qui signifie dix, ainsi Decamètre *dix mètres.*
Hecto —   cent — Hectomètre *cent mètr.*
Kilo   —   mille — Kilomètre *mille mètres*
Myria — dix mille — Myriamètre *dix mille m.*

En descendant :

Déci — dixième — Décimètre *dixième de m.*
Centi — centième — Centimètre *centièm de m*
Milli — millième — Millimètre *millièm de m*

Et ainsi des autres , autant que cela a été nécessaire , comme on le voit dans le tableau joint à la loi du 4 juillet 1837.

Il est très facile d'adapter au système décimal les divisions par demi , par tiers, par quarts etc.

Puisqu'un mètre contient 100 centimètres

Un demi mètre égale   50 centimètres.
Un tiers de mètre   33 1/3.
Un quart de mètre   25
Un cinquième de mètre 20
Un sixième de mètre   16 2/3
Un huitième de mètre   12 1/2

Comme l'établissement définitif des nouvelles mesures ne peut se faire sans que l'on ait long-temps encore besoin de les comparer avec les anciennes, nous allons donner des tables de conversion des nouvelles mesures en anciennes, et des anciennes en nouvelles , avec des tables pour connaître les prix correspondans d'une mesure à l'autre.

Rapports approximatifs.

Le Mètre vaut un peu moins de 3 pieds
1 pouce (1).

Le Kilomètre à peu près le quart *d'une
lieue de poste.*

Le Myriamètre un peu plus de 2 *lieues
de pays, de 2,500 toises.*

L'Hectare près de 2 *arpens à 22 pieds
pour perche.*

ou environ 2 *arpens 173 à 20 pieds.*

ou près de 3 *arpens à 18 pieds.*

Le Litre un peu plus que la *pinte.*

Un Hectolitre et demi à peu près *le
setier pour les grains.*

Le Kilogramme un peu plus *de 2 livres
de 16 onces*

Le Stère un peu plus que la *demi-voie.*

----

(1) 3 pieds 11 lignes 296 millièmes de ligne.

MESURES DE LONGUEUR.

Table 1.

Conversion des AUNES de Paris en MÈTRES.

(L'aune de Paris était de 3 pieds, 7 pouces,
10 lignes, 5 sixièmes.)

Aunes. — Mètres. Centim.			Aunes. — Mètres. Centim.		
1 vaut	1	19	6 valent	7	13
2	2	38	7	8	32
3	3	56	8	9	51
4	4	75	9	10	70
5	5	94	10	11	88

Table 2.

Parties de l'aune.

Aunes. — Mètres. Centim.			Aunes. — Mètres. Centim.		
1/2	0	59	1/12	0	10
1/3	0	40	5/12	0	49
2/3	0	79	7/12	0	69
1/4	0	30	11/12	1	09
3/4	0	89	1/16	0	07
1/6	0	20	3/16	0	22
5/6	0	99	5/16	0	37
1/8	0	15	7/16	0	52
3/8	0	44	9/16	0	67
5/8	0	74	11/16	0	81
7/8	1	04	13/16	0	96

Suite de la Table 2.

Aunes.	—	Mètres.	centim.	Aunes.	—	Mètres.	centim.
15/16		1	11	13/24		0	64
1/24		0	05	17/24		0	84
5/24		0	25	19/24		0	94
7/24		0	35	23/24		1	14
11/24		0	55	1/32		0	04

Table 3.

Conversion des CENTIMÈTRES, DÉCIMÈTRES, et MÈTRES, en AUNES de Paris.

Centimètres.	—	Aunes.	Décimètres.	—	Aunes.
4		1/32	9		3/4
5		1/24	10	font	1 mètre.
7		1/16	Mètres		
10	font	1 décimètre	1	vaut	0 5/6
Décimètres.			2		1 2/3
1		1/12	3		2 1/2
2		1/6	4		3 3/8
3		1/4	5		4 1/5
4		1/3	6		5 0
5		5/12	7		5 7/8
6		1/2	8		6 3/4
7		7/12	9		7 7/12
8		2/3	10		8 5/12

Table 4.

Prix correspondans d'une mesure à l'autre, connaissant le prix de l'AUNE.

A 1 fr. l'aune, le mètre vaut 0 fr. 84 c.

2	—	—		1	68
3	—	—		2	52
4	—	—		3	37
5	—	—		4	21
6	—	—		5	05
7	—	—		5	89
8	—	—		6	73
9	—	—		7	57
10	—	—		8	41

NOTA. — Lorsqu'il se trouve des centimes dans le prix, on se sert pour les centimes, des mêmes colonnes que pour les francs, en ayant soin de reculer les chiffres à droite, comme dans l'exemple suivant :

Supposons à 8 francs 54 centimes l'aune :
ce sera, d'après la table,

pour 8 francs. . . . 6 fr 73 c.
pour 50 centimes. . »   42
pour 4 centimes. . »   3
____
7 fr. 18 c le mètre

CELA S'APPLIQUE A TOUTES LES TABLES DE PRIX CORRESPONDANS.

Table 5.

Connaissant le prix du MÈTRE.

A 1 fr. le mètre, l'aune vaut 1 fr. 19 c.

A 2	—	—	2	38
A 3	—	—	3	57
A 4	—	—	4	75
A 5	—	—	5	94
A 6	—	—	7	13
A 7	—	—	8	32
A 8	—	—	9	51
A 9	—	—	10	70
A 10	—	—	11	88

Table 6.

Conversion des LIGNES, POUCES, PIEDS, et TOISES en MÈTRES.

Lignes.	—	Millimètres.	Lignes.	—	Millimètre.
1		2	9		20
2		5	10		23
3		7	11		25
4		9	Pouces.		
5		11	1		27
6		14	2		54
7		16	3		81
8		18	4		108

Suite de la Table 6.

Pouces.	—	Millimètres.	Pieds	Mètres.	Millimètres
5		135	5	1	624
6		162	**Toises,**		
7		189	1	1	949
8		216	2	3	898
9		244	3	5	847
10		271	4	7	796
11		298	5	9	745
Pieds.			6	11	694
1		325	7	13	643
2		650	8	15	592
3		975	9	17	541
Mètres.			10	19	490
4	1	299			

Table 7.

Conversion des MILLIMÈTRES, CENTIMÈTRES, DÉCIMÈTRES, *et* MÈTRES, *en* LIGNES, POUCES, PIEDS, *et* TOISES.

Millimètres,	—		centi. de lig	Milli.	—	Pouce	Lig.	C. de lig
1			44	7			3	10
2			89	8			3	55
	Ligne.			9			3	99
3		1	33	**Centimètres**				
4		1	77	1			4	43
5		2	22	2			8	86
6		2	66	**Pouce**				
				3		1	1	30

Suite de la Table 7.

centi-mètres.	Ponces	lig.	cent. de lig
4	1	5	73
5	1	10	16
6	2	2	60
7	2	7	03
8	2	11	46
9	3	3	05
Décimètres			
1	3	8	33
2	7	4	66
3	11	0	99
Pieds.			
4	1 2	9	32
5	1 6	5	65
6	1 10	1	98

Déci.	pieds	pouc.	lig.	c. de l
7	2	1	10	31
8	2	5	6	64
9	2	9	2	97
Mètres				
1	3	0	11	296
2	6	1	10	59
3	9	2	9	89
4	12	3	9	18
5	15	4	8	48
6	18	5	7	78
7	21	6	7	07
8	24	7	6	37
9	27	8	5	66
10	30	9	4	96

Table 8.

PRIX correspondans.

A 5 cent. le pied, le mètre vaut 15 c.

cent. le pied			le mètre vaut
10	—	—	31
15	—	—	46
20	—	—	62
25	—	—	77
30	—	—	92
35	—	—	1 fr 07
40	—	—	1 23
45	—	—	1 39
50	—	—	1 54

Suite de la Table 8.

A 55 c., le pied, le mètre vaut 1 f. 69 c

60	—	—	1	85
65	—	—	2	00
70	—	—	2	15
75	—	—	2	31
80	—	—	2	46
85	—	—	2	62
90	—	—	2	77
95	—	—	3	92
1 franc.	—	—	3	08

A 1 franc la toise, le mètre vaut 51 c.

2	—	—	1 fr	03
3	—	—	1	54
4	—	—	2	05
5	—	—	2	57
6	—	—	3	08
7	—	—	3	59
8	—	—	4	10
9	—	—	4	62
10	—	—	5	13

Table 9.

A 1 franc le mètre, le pied vaut 32 c.

2	—	—	65
3	—	—	97

Suite de la table 9.

A 4 fr. le mètre, le pied vaut 1 fr 30 c.

5	—	—	1	62
6	—	—	1	95
7	—	—	2	27
8	—	—	2	60
9	—	—	2	92
10	—	—	3	25

———⁂———

MESURES ITINÉRAIRES.

Table 10.

Conversion des LIEUES de 2,000 TOISES ou LIEUES de poste, en KILOMÈTRES, et réciproquement

Lieues.	Kilomètres	Mètres	Kilomètres	Lieues	Toises.
1	3	889	1	0	513
2	7	796	2	0	1026
3	11	694	3	0	1539
4	15	592	4	1	52
5	19	490	5	1	565
6	23	388	6	1	1078
7	27	286	7	1	1592
8	31	184	8	2	105
9	38	082	9	2	618
10	38	980	10	2	1131

ARPENS A 22 PIEDS POUR PERCHE.

Table 11.

ARPENS à 22 pieds en HECTARES.

Perches.	Ares	Centiares	Perches.	Ares	Centiares
1		51	6	3	o6
2	1	02	7	3	57
3	1	53	8	4	09
4	2	o4	9	4	6o
5	2	55	10	5	11

Arpent.	Hect.	Ares	Cent.	Arpens.	Hect.	Ares	cent.
1	o	51	07	6	3	o6	43
2	1	02	14	7	3	57	5o
3	1	53	23	8	4	o8	58
4	2	o4	29	9	4	59	65
5	2	55	36	10	5	10	72

Table 12.

HECTARES en ARPENS à 22 pieds.

Ares.	Perches	dixièmes	Ares.	Perches	dixième
1	1	9	6	11	7
2	3	9	7	13	7
3	5	9	8	15	7
4	7	8	9	17	6
5	9	8	10	19	6

Hectares en arpens à 22 pieds.

Suite de la Table 12.

Hect.	Arp.	Perc.	Dix.	Hect.	Arp.	Perc.	Dixi.
1	1	95	8	6	11	74	8
2	3	91	6	7	13	70	6
3	5	87	4	8	15	66	4
4	7	83	2	9	17	62	2
5	9	79	0	10	19	58	0

Prix correspondans des PERCHES et ARPENS à 22 pieds, et des ARES et HECTARES.

Table 13.

A 1 fr. la perche, l'are vaut 1 fr. 96 c.

			fr.	c.
2	—	—	3	92
3	—	—	5	87
4	—	—	7	83
5	—	—	9	79
6	—	—	11	75
7	—	—	13	71
8	—	—	15	66
9	—	—	17	62
10	—	—	19	58

A 20 fr. la perche, l'are vaut 39 fr. 16 c.

			fr.	c.
30	—	—	58	74
40	—	—	78	32
50	—	—	97	90

Suite de la Table 13.

A 60 fr. la perche, l'are vaut 117 f. 48 c.

70	—	—	137	06
80	—	—	156	64
90	—	—	176	22
100	—	—	195	80

NOTA. Cette table sert aussi pour les arpens, ainsi à 1 fr. par arpent, c'est également 1 fr. 96 c. par hectare.

A 200 f. l'arpent l'hectare vaut 391 f. 60 c.

300	—	—	587	40
400	—	—	783	20
500	—	—	979	00
600	—	—	1174	80
700	—	—	1370	60
800	—	—	1566	40
900	—	—	1762	20
1000	—	—	1958	00

Table 14.

A 1 fr. l'are, la perche vaut 0 fr. 51 c.

2	—	—	1	02
3	—	—	1	53
4	—	—	2	04

Suite de la Table 14.

A 5 fr. l'are, la perche vaut 2 fr. 55 c.

6	—	—	3	06
7	—	—	3	57
8	—	—	4	09
9	—	—	4	60
10	—	—	5	11
20	—	—	10	21
30	—	—	15	32
40	—	—	20	43
50	—	—	25	54
60	—	—	30	64
70	—	—	35	75
80	—	—	40	86
90	—	—	45	96
100	—	—	51	07

Cette table sert aussi pour les hectares, ainsi à 1 fr. par hectare, c'est également 51 c. par arpent.

A 200 l'hectare, l'arpent vaut 102 fr. 14 c.

300	—	—	153	22
400	—	—	204	29
500	—	—	255	36
600	—	—	306	43
700	—	—	357	50
800	—	—	408	58

Suite de la Table 14.

A 900 f. l'hect., l'arp. vaut 459 f. 65 c.
1000 — — 510 72

ARPENS A 20 PIEDS POUR PERCHE.

Table 15.

A RPEN s à 20 pieds en HECTARES.

Perches.	—	Ares.	Centiares.	Perches.	—	Ares.	Cent.
1 vaut		0	42	6 vaut		2	53
2		0	84	7		2	95
3		1	27	8		3	38
4		1	69	9		3	80
5		2	11	10		4	22

Arpens.	Hect.	Ares.	Cent.	Arpens.	Hect.	Ares.	Cent.
1	0	42	21	6	2	53	25
2	0	84	42	7	2	95	46
3	1	26	62	8	3	37	67
4	1	68	83	9	3	79	87
5	2	11	04	10	4	22	08

Table 16.

HECTARES en ARPENS.

Ares.	—	Perches	Dixième	Ares	—	Perches	Dixième
1		2	4	6		14	2
2		4	7	7		16	6
3		6	1	8		19	0
4		9	5	9		21	3
5		11	8	10		23	7

Hectares.	—	Arp.	Perc.	Dixi.	Hect.	Apens	Perc.	Dixième
1		2	36	9	6	14	21	5
2		4	73	8	7	16	58	4
3		6	10	8	8	18	95	4
4		9	47	7	9	21	32	3
5		11	84	6	10	23	69	2

Table 17.

Prix correspondans des PERCHES et ARPENS à 20 pieds, et des ARES et HECTARES.

A 1 fr. la perche l'are vaut 2 fr. 37 c.

2	—	—	4	74
3	—	—	6	11
4	—	—	9	48
5	—	—	11	85

Suite de la Table 17.

A 6 fr. la perche, l'are vaut 14 f. 21 c.

				f.	c.
7	—	—		16	58
8	—	—		18	95
9	—	—		21	32
10	—	—		23	69
20	—	—		47	38
30	—	—		71	08
40	—	—		94	77
50	—	—		118	46
60	—	—		142	15
70	—	—		165	84
80	—	—		189	54
90	—	—		213	23
100	—	—		236	92

Cette table sert aussi pour les arpens, ainsi à
1 fr. par arpent, c'est également 2 fr. 37 c. par
hectare.

A 200 f. l'arp., l'hect. vaut 473 f. 84 c

				f.	c.
300	—	—		710	76
400	—	—		947	68
500	—	—		1184	60
600	—	—		1421	52
700	—	—		1858	44
800	—	—		1895	36
900	—	—		2132	28
1000	—	—		2369	20

Table 18.

A 1 fr. l'are, la perche vaut			o fr.	42 c.
2	—	—	0	84
3	—	—	1	27
4	—	—	1	69
5	—	—	2	11
6	—	—	2	53
7	—	—	2	95
8	—	—	3	38
9	—	—	3	80
10	—	—	4	22
20	—	—	8	44
30	—	—	12	66
40	—	—	16	88
50	—	—	21	10
60	—	—	25	32
70	—	—	29	55
80	—	—	33	77
90	—	—	37	99
100	—	—	42	21

Cette table sert aussi pour les hectares, ainsi à 1 fr. par hectare, c'est également 42 c. par arpent.

A 200 fr. l'hect., l'arp. vaut			84 f.	42 c.
300	—	—	126	62
400	—	—	168	83

Suite de la Table 18.

A 5oo fr. l'hect., l'arp. vaut 211 f. o4 c.
```
 600      —      —      253   25
 700      —      —      295   46
 800      —      —      337   67
 900      —      —      379   87
1000      —      —      422   o8
```

ARPENS A 18 PIEDS POUR PERCHE.

Table 19.

Arpens à 18 pieds en HECTARES

Perches.	—	Ares.	Cent.	Perches	—	Ares	cent.
1		o	34	6		2	o5
2		o	68	7		2	39
3		1	o3	8		2	74
4		1	37	9		3	o8
5		1	71	10		3	42

Arpens.	—	Hect.	Ares.	cent.	Arpens.	—	Hect.	Ares.	cent.
1		o	34	19	6		2	o5	13
2		o	68	38	7		2	39	32
3		1	o2	57	8		2	73	51
4		1	36	75	9		3	o7	7o
5		1	7o	94	10		3	41	89

Table 20.

HECTARES *en* ARPENS *à* 18 *pieds*.

Ares. —	Perches	Dixième	Ares. —	Perches	Dixième
1	2	9	6	17	5
2	5	8	7	20	5
3	8	8	8	23	4
4	11	7	9	26	3
5	14	6	10	29	2

Hect.	Arpens	Perc.	Dixième	Hect.	Arpens	Perc.	Dixième
1	2	92	5	6	17	55	0
2	5	85	0	7	20	47	5
3	8	77	5	8	23	40	0
4	11	70	0	9	26	32	4
5	14	62	5	10	29	24	9

Table 21.

Prix correspondans des PERCHES *et* ARPENS *à* 18 *pieds et des* ARES *et* HECTARES.

A 1 fr. la perche l'are vaut 2 fr. 92 c.

2	—	—	5	85
3	—	—	8	77
4	—	—	11	70
5	—	—	14	62
6	—	—	17	55
7	—	—	20	47
8	—	—	23	40
9	—	—	26	32
10	—	—	29	25

Suite de la Table **21**.

A 20 fr. la perche l'are vaut 58 fr. 50 c.

30	—	—	87	75
40	—	—	117	00
50	—	—	146	25
60	—	—	175	50
70	—	—	204	75
80	—	—	234	00
90	—	—	263	24
100	—	—	292	49

Cette table sert aussi pour les arpens, ainsi à 1 fr. par arpent c'est également 2 fr. 92 c. par hectare.

A 200 f. l'arpent l'hectare vaut 584 f. 99 c

300	—	—	877	48
400	—	—	1169	98
500	—	—	1462	47
600	—	—	1754	97
700	—	—	2047	46
800	—	—	2339	95
900	—	—	2632	45
1000	—	—	2924	94

Table **22**.

A 1 fr. l'are, la perche vaut 0 fr. 34 c.

2	—	—	0	68
3	—	—	1	03
4	—	—	1	37

(Arpens à 18 pieds.)

Suite de la Table 22.

A 5 fr. l'are, la perche vaut			1 fr.	71 c
6	—	—	2	o5
7	—	—	2	39
8	—	—	2	74
9	—	—	3	o8
10	—	—	3	42
20	—	—	6	84
3o	—	—	10	26
4o	—	—	13	68
5o	—	—	17	o9
6o	—	—	20	51
7o	—	—	23	93
8o	—	—	27	35
90	—	—	3o	77
100	—	—	34	19

Cette table sert aussi pour les hectares, ainsi
à 1 fr. par hectare, c'est également 34 cent.
par arpent.

A 200 fr. l'hectare, l'arpent vaut			68 f	38 c
3oo	—	—	102	57
4oo	—	—	136	75
5oo	—	—	170	94
6oo	—	—	2o5	13
7oo	—	—	239	32
8oo	—	—	273	51
900	—	—	3o7	69
1000	—	—	341	89

MESURES DE SOLIDITÉ.

Conversion des TOISES CUBES *en* MÈTRES CUBES.

Table 23.

Toises cubes.	Mètres cubes.	Décimètres cubes.	Toises cubes.	Mètres cubes.	Décimètres cubes.
1	7	404	6	44	423
2	14	808	7	51	827
3	22	212	8	59	231
4	29	616	9	66	635
5	37	019	10	74	039

Table 24.

Conversion des MÈTRES CUBES *en* TOISES CUBES.

Mètres cubes.	Toises cubes.	Pieds cubes.	Pouces cubes.	Ligues cubes.
1		29	300	757
2		58	600	1513
3		87	901	532
4		116	1201	1299
5		145	1602	318
6		175	74	1064
7		204	375	103
8	1	17	675	870
9	1	46	975	1616
10	1	75	1276	635

Table 25.

Prix comparatifs des TOISES CUBES *et des* MÈTRES CUBES.

A 1 f la toise c., le m. c. vaut 0 f 13 c 51

	f	c	
2	0	27	
3	0	40	52
4	0	54	
5	0	67	53
6	0	81	
7	0	94	54
8	1	08	
9	1	21	56
10	1	35	
20	2	70	
30	4	05	
40	5	40	
50	6	75	
60	8	10	
70	9	45	
80	10	81	
90	12	16	
100	13	51	

Table 26.

A 1 f le m. cube, la toise cube vaut 7 f 40

	f	c	
2	14	81	
3	22	21	

Suite de la Table **26**.

A 4 f. le m. cube, la t. cube vaut 29 62

5	37 02
6	44 42
7	51 83
8	59 23
9	66 63
10	74 04
20	148 08
30	222 12
40	296 16
50	370 20
60	444 23
70	518 27
80	592 31
90	666 35
100	740 39

BOIS DE CHAUFFAGE.

Table **27.**

Conversion des VOIES *de Paris en* STÈRES.

La voie de Paris avait 4 pieds de couche et 4 pieds de hauteur ; la bûche avait 3 pieds 6 pouces de longueur.

Voies —	Stères	Décistères	Voies —	Stères	Décistères
1	1	9	6	11	5
2	3	8	7	13	4
	5	8	8	15	4
4	7	7	9	17	3
5	9	6	10	19	2

Table 28.

STÈRES *en* VOIES *de Paris.*

Stères —	Voies	Dixièmes	Stères —	Voies	Dixièmes
1	0	5	6	3	1
2	1	0	7	3	6
3	1	6	8	4	2
4	2	1	9	4	7
5	2	6	10	5	2

Table 29.

Prix correspondans des VOIES *et des* STÈRES.

A 1 franc la voie, le stère vaut 52 c.

2	—	—	1 fr 04
3	—	—	1 56
4	—	—	2 08
5	—	—	2 60
6	—	—	3 13
7	—	—	3 65
8	—	—	4 17
9	—	—	4 69
10	—	—	5 21
20	—	—	10 42
30	—	—	15 63
40	—	—	20 84
50	—	—	26 05

Table 30.

A 1 fr. le stère la voie vaut 1 fr. 92 c.

	fr.	c.
2	3	84
3	5	76
4	7	68
5	9	60
6	11	52
7	13	44
8	15	36
9	17	28
10	19	20
20	38	39
30	57	59
40	76	78
50	95	98

Table 31.

CORDES *de grand bois en* STÈRES.

La corde de grand bois avait 8 pieds de couche et 4 pieds de hauteur, et la bûche 4 pieds de longueur.

Cordes	Stères	Décistères	Cordes	Stères	Décistères
1	4	4	6	26	3
2	8	8	7	30	7
3	13	2	8	35	1
4	17	5	9	39	5
5	21	9	10	43	9

Table 32.

Stères en cordes de grand bois.

Stères	cordes	Centièmes	Stères	cordes	Centièmes
1	0	23	6	1	37
2	0	46	7	1	60
3	0	68	8	1	82
4	0	91	9	2	05
5	1	14	10	2	28

Table 33.

Prix correspondans des cordes de grand bois et des stères.

A 1 fr. la Cde, de gd bois le stre vaut	0 fr.	23
2	0	46
3	0	68
4	0	91
5	1	14
6	1	37
7	1	60
8	1	82
9	2	05
10	2	28
20	4	56
30	6	84
40	9	12
50	11	4

Table 34.

A 1 f. le st^{re}, la c^{de} de g^{d} bois vaut 4 f. 39

2	8 77
3	13 16
4	17 55
5	21 94
6	26 32
7	30 71
8	35 10
9	39 49
10	43 87
20	87 75

Table 35.

Cordes de port en stères.

La Corde de port avait 8 pieds de couche, 5 pieds de hauteur, et la bûche 3 pieds 6 pouces de longueur.

Cordes.	Stères.	Décistères.	Cordes.	Stères.	Décistères.
1	4	8	6	28	8
2	9	6	7	33	6
3	14	4	8	38	4
4	19	2	9	43	19
5	24	0	10	48	00

Table 36.

STÈRES en CORDES de port.

Stères.	Cordes.	centièmes.	Stères.	Cordes.	Centièmes.
1	0	21	6	1	25
2	0	42	7	1	46
3	0	62	8	1	67
4	0	83	9	1	87
5	1	04	10	2	08

Table 37.

Prix correspondans des CORDES de port et des STÈRES.

A 1 f. la corde de port le stère vaut		0 f.	21
2	—	0	42
3	—	0	62
4	—	0	83
5	—	1	04
6	—	1	25
7	—	1	46
8	—	1	67
9	—	1	87
10	—	2	08
20	—	4	17
30	—	6	25
40	—	8	33
50	—	10	42

Table 58.

A 1 f. le stère la corde de port vaut 4 f. 8o

2	9	6o
3	14	4o
4	19	20
5	23	99
6	28	79
7	33	59
8	38	39
9	43	89
10	47	99
20	95	98

BOIS DE CHARPENTE.

Le bois de charpente se vendait au cent de pièces ou solives. La pièce était censée être une solive de 12 pieds de longueur, ayant 6 pouces d'écarrissage, et équivalant à 3 pieds cubes.

Table 59.

Conversion des PIÈCES OU SOLIVES en MÈTRES cubes.

Solives.	Mètres cubes.	Décimètres cubes.	Solives.	Mètres cubes.	Décimètres cubes.
1	o	1o3	6	o	617
2	o	2o6	7	o	720
3	o	3o8	8	o	823
4	o	411	9	o	925
5	o	514	10	1	o28

Table 40.

DÉCIMETRES cubes et METRES cubes en SOLIVES.

Décimètres cubes.	Solives.	Centièmes.	Mètres cubes.	Solives	Centièmes
100	0	97	1	9	72
200	1	94	2	19	45
300	2	92	3	29	17
400	3	89	4	38	90
500	4	86	5	48	62
600	5	84	6	58	35
700	6	81	7	68	07
800	7	78	8	77	80
900	8	75	9	87	52
1000 font 1 mètre cbe			10	97	25

Table 41.

PRIX correspondans des SOLIVES et des METRES cubes.

A 1 fr. la solive le m. cbe vaut 9 fr. 72 c.

			Solives	Centièmes
2	—	—	19	45
3	—	—	29	17
4	—	—	38	90
5	—	—	48	62
6	—	—	58	35
7	—	—	68	07
8	—	—	77	80
9	—	—	87	52
10	—	—	97	25

Table 42.

A 1 fr. le m. ^{cbe} la solive vaut	o f.	10	28
2 — —	o	20	56
3 — —	o	3	1
4 — —	o	4	1
5 — —	o	5	1
6 — —	o	6	2
7 — —	o	7	2
8 — —	o	8	2
9 — —	o	9	2
10 — —	1	o	5
20 — —	2	o6	
30 — —	3	o8	
40 — —	4	11	
50 — —	5	14	

MESURES DE CAPACITÉ (pour les matières sèches).

Table 43.

Conversion des BOISSEAUX et SETIERS de Paris en DÉCALITRES.

Boisseaux.	Décalitr.	Décilit.	Boisseaux.	Décalit.	Décilit.
1	1	27	3	3	81
2	2	54	4	5	o8

Suite de la Table 45.

Boisseaux.	Décalit.	Décilit.
5	6	35
6	7	62
7	8	89
8	10	16
9	11	43
10	12	69
11	13	96
12	15	23

(12 boisseaux de grain, font 1 setier).

Boisseaux.	Décalit.	Décilit.
13	16	5o
14	17	77
15	19	o4
16	20	31

(16 boisseaux de sel font un setier).

Boisseaux.	Décalit.	Décilit.
17	21	58
18	22	85
19	24	12
20	25	39
21	26	66
22	27	93
23	29	20
24	30	47

(24 boisseaux d'avoine font 1 setier).

Boisseaux.	Décalit.	Décilit.
25	31	74
26	33	o1
27	34	28
28	35	55
29	36	82
3o	38	o9
31	39	35
32	4o	62

(32 boisseaux de charbon font 1 set.)

1 Muid de grain composé de 12 setiers (de chacun 12 boisseaux) vaut 18 hectolitres 28 litres.

— 1 Muid de sel, de 12 setiers (de chacun 16 boisseaux), vaut 24 hectolitres 37 litres.

1 Muid d'avoine de 12 setiers (de chacun 24 boisseaux), vaut 36 hectolitres 56 litres.

1 Muid de charbon de 10 setiers (de chacun 32 boisseaux), vaut 4o hectolitres 62 litres.

Table 44.

DÉCALITRES en BOISSEAUX.

Décalitres.	Boiss.	Centièm	décalitres.	Boiss.	Centièm
1	0	79	6	4	73
2	1	57	7	5	51
3	2	36	8	6	30
4	3	15	9	7	09
5	3	94	10	7	88

(10 décalitres font un hectolitre).

Table 45.

HECTOLITRES en SETIERS.

Valeur de l'hectolitre en setiers de

Hectolitres·	GRAIN.		SEL.		AVOINE.		CHARBON	
	Setrs	Cen-tième	Setrs	Cen-tième	Setrs	cen-tième	Setrs	Cen-tième
1	0	66	0	49	0	33	0	24
2	1	31	0	97	0	66	0	49
3	1	97	1	46	0	98	0	73
4	2	63	1	95	1	31	0	97
5	3	28	2	44	1	64	1	22
6	3	94	2	92	1	97	1	46
7	4	59	3	41	2	30	1	71
8	5	25	3	90	2	63	1	95
9	5	91	4	39	2	95	2	19
10	6	56	4	87	3	28	2	44

Table 46.

Prix correspondans des BOIS-
SEAUX, SETIERS, DÉCALITRES
et HECTOLITRES.

A 1 f. le boiss., le décalit. vaut o f 79 c.
2 — — 1 57
3 — — 2 36
4 — — 3 15
5 — — 3 94
6 — — 4 73
7 — — 5 51
8 — — 6 30
9 — — 7 09
10 — — 7 88

Table 47.

A 1 fr. le déca., le boiss. vaut 1 f. 27 c.
2 — — 2 54
3 — — 3 81
4 — — 5 08
5 — — 6 35
6 — — 7 62
7 — — 8 89
8 — — 10 16
9 — — 11 43
10 — — 12 69

Prix correspondans.

Table 48.

A 1 fr. par setier de GRAIN, c'est 0 fr. 66 c. par hectolitre.

	fr.	c.
2	1	31
3	1	97
4	2	63
5	3	28
6	3	94
7	4	59
8	5	25
9	5	91
10	6	56

Table 49.

A 1 fr. par setier de SEL, c'est 0 fr. 49 c. par hectolitre.

	fr.	c.
2	0	97
3	1	46
4	1	95
5	2	44
6	2	94
7	3	41
8	3	90
9	4	39
10	4	87

Prix correspondans

Table 50.

par hectolitre.

A 1 fr. par setier d'AVOINE, c'est o fr. 33 c.

2	—	—	o 66
3	—	—	o 98
4	—	—	1 31
5	—	—	1 64
6	—	—	1 97
7	—	—	2 30
8	—	—	2 63
9	—	—	2 95
10	—	—	3 28

Table 51.

par hectolitre.

A 1 fr. par set. de CHARBON c'est o fr. 24 c.

2	—	—	o 49
3	—	—	o 73
4	—	—	o 97
5	—	—	1 22
6	—	—	1 46
7	—	—	1 71
8	—	—	1 95
9	—	—	2 19
10	—	—	2 44

Prix correspondans

Table 52.

Par hectolitre	c'est par setier de							
	GRAIN.		SEL.		AVOINE.		charbon.	
	Fr.	c.	Fr.	c.	Fr.	c.	Fr.	c.
A 1 fr.	1	52	2	03	3	05	4	06
2	3	05	4	06	6	09	8	12
3	4	57	6	09	9	14	12	19
4	6	09	8	12	12	19	16	25
5	7	62	10	16	15	23	20	31
6	9	14	12	19	18	28	24	37
7	10	66	14	22	21	33	28	44
8	12	19	16	25	24	37	32	50
9	13	71	18	28	27	42	36	56
10	15	23	20	31	30	47	40	62

MESURES DE CAPACITÉ (pour les liquides.)

Table 53.

Conversion des PINTES *de Paris en* LITRES.

Le demi setier vaut 24 centilitres
La chopine ———— 48 id.

Suite de la Table 53.

Pintes	Litres.	Centilitres.	Pintes.	litres.	Centilitre.
1	0	95	6	5	71
2	1	90	7	6	66
3	2	86	8	6	62
4	3	81	9	8	57
5	4	76	10	9	52

La Feuillette vaut 1 hectolit. 37 centil.
Le Muid   2   74

Table 54.

LITRES DÉCALITRES et HECTO-LITRES en PINTES de Paris.

Litres.	Pintes	centièmes	Décalitres.	Pintes	centièmes
1	1	05	1	10	50
2	2	10	2	21	00
3	3	15	3	31	51
4	4	20	4	42	01
5	5	25	5	52	51
6	6	30	6	63	02
7	7	35	7	73	52
8	8	40	8	84	02
9	9	45	7	94	52

10 lit. font 1 décal. 10 déc. font 1 héc.

Suite de la table 54.

Hectolitres.	Pintes	centièmes	Hectolitres	Pintes	centiè.
1	105	03	9	945	23
2	210	05	10	1050	26
3	315	08			
4	420	10			
5	525	13			
6	630	15			
7	735	18			
8	840	21			

10 hectolitres font un kilolitre qui répond assez exactement au tonneau de Bordeaux, de 4 bariques.

Table 55.

Prix correspondans, des PINTES LITRES DECALITRES et HECTO-LITRES.

A 5 c la PINTE le LITRE vaut 5 c 25 c ou 5 c 1/4

10	—	—	10	50	10	1/2
15	—	—	15	75	15	3/4
20	—	—	21	»»		
25	—	—	26	25		
30	—	—	31	50		
35	—	—	36	75		
40	—	—	42	»»		
45	—	—	47	25		
50	—	—	52	50		
55	—	—	57	75		
60	—	—	63	»»		
65	—	—	68	25		

Suite de la Table 55.

A 70 c. la PINTE le LITRE vaut 73 c. 50 c

75	—	78	75
80	—	84	»»
85	—	89	25
90	—	94	50
95	—	99	75
A 1 franc	—	1 fr. 05	00

Table 56.

A 5 c le LITRE la PINTE vaut 4 c 76 c. ou 4 c $^3/_4$

10	—	9 52	9 1/2
15	—	14 28	4 1/4
20	—	19	»»
25	—	23 80	
30	—	28 56	
35	—	33 32	
40	—	38	»»
45	—	42 85	
50	—	47 61	
55	—	52 37	
60	—	57 13	
65	—	61 89	
70	—	66 65	
75	—	71 41	
80	—	76 17	
85	—	80 93	
90	—	85 69	
95	—	90 45	
1 franc	—	95 21	

Table 57.

A 1 fr. par feuillette, c'est 73 ¾ c. par hect.

2	—	1 f 46
3	—	2 19
4	—	3 65
5	—	4 38
6	—	1 09
7	—	5 11
8	—	5 84
9	—	6 57
10	—	7 30

Table 58.

A 1 f. par hectolitre, c'est 1 37 ¾ par feuil.

2	—	2 74
3	—	4 11
4	—	5 48
5	—	6 85
6	—	8 22
7	—	9 60
8	—	10 97
9	—	12 34
10	—	13 71

Table 59.

Conversion des GRAINS, GROS, ONCES et LIVRES.

Grains.	Décigr.	Milligr.
1	0	53
2	1	o6
3	1	59
4	2	12
5	2	66
6	3	19
7	3	72
8	4	25
9	4	78
10	5	31

72 grains font 1 gros

Gros	Grammes.	Centigram
1	3	82
2	7	65
3	11	47
4	15	3o
5	19	12
6	22	95
7	26	77

8 gros font une once

Onces	décagram.	décig.
1	3	o6
2	6	12
3	9	18

Onces	Décagram	Décigram
4	12	24
5	15	3o
6	18	36
7	21	42
8	24	48
9	27	53
10	3o	59
11	33	65
12	36	71
13	39	77
14	42	83
15	45	89

16 onces f. une livre

Livres	Kilog.	Grammes.
1	0	489
2	0	979
3	1	468
4	1	958
5	2	447
6	2	937
7	3	426
8	3	916
9	4	406
10	4	895
20	9	790

Suite de la 59.

Livres	Kilogram	Gram.	Livres	Kilogram	Gram.
30	14	685	70	34	265
40	19	580	80	39	160
50	24	475	90	44	055
60	29	370	100	48	954

Table 60.

Conversion des GRAMMÉS.

1 décigramme vaut 1 grain 9 dixièmes.

Grammes.	Gros.	Grains	Décagram:	Onces	Gros	Grains
1	0	19	1	0	2	44
2	0	38	2	0	5	17
3	0	56	3	0	7	61
4	1	3	4	1	2	33
5	1	22	5	1	5	5
6	1	41	6	1	7	50
7	1	60	7	2	2	22
8	2	7	8	2	4	66
9	2	25	9	2	7	38
10 gram. f. 1 décagr.			10	3	2	11

10 décagrammes font 1 hectogramme.

Table 61.

KILOGRAMMES en LIVRES.

Kilog.	Livr.	onces	gros	grains	Kilog.	Liv.	onces	gros	grains
1	2	0	5	35	4	8	2	5	68
2	4	1	2	70	5	10	3	3	32
3	6	2	0	33	6	12	4	0	67

Suite de la Table 61.

Kilog	Livr	onces	gros	grains	Kilog	Livr	onces	gros	gr.
7	14	4	6	30	50	102	2	2	30
8	16	5	3	65	60	122	9	1	21
9	18	6	1	28	70	143	0	0	13
10	20	6	6	63	80	163	6	7	4
20	40	8	7	55	90	183	13	5	68
30	61	4	4	47	100	204	4	4	59
40	81	11	3	38					

Table 62.
Prix correspondans.

A 5 c le gros le gram. vaut 1 c 31 c ou 1 c 1/3

6	—	—	1	57	1 1/2
7	—	—	1	83	
8	—	—	2	»	
9	—	—	2	35	

A 5 c. l'once le décagram. vaut 1 c. 63 c.

10	—	—	3	26
15	—	—	5	»
20	—	—	6	53
25	—	—	8	00
30	—	—	9	80
35	—	—	11	»
40	—	—	13	00
45	—	—	14	38
50	—	—	16	
55	—	—	18	
60	—	—	20	

Suite de la Table 62.

A 65 c. le gros le gramme vaut 21 cent.

70	—	—	23
75	—	—	25
80	—	—	26
85	—	—	28
90	—	—	29
95	—	—	13
1 franc	—	—	33

Table 63.

A 5 c. le décagramme l'once vaut 15 c 30

10	—	—	30 59
15	—	—	46
20	—	—	61
25	—	—	76
30	—	—	92
35	—	—	1 f 07
40	—	—	1 22
45	—	—	1 37
50	—	—	1 53
55	—	—	1 68
60	—	—	1 84
65	—	—	1 99
70	—	—	2 14
75	—	—	2 29
80	—	—	2 45
85	—	—	2 60

Suite de la Table 63.

A 9o c. le décagram. l'once vaut 2 c. 75 c

95	—	—	2	9o
1 franc	—	—	3	o6

Table 64.

A 5 c. la livre, le kilogram vaut 1o c 24 c

			10 c	24 c
10	—	—	2o	43
15	—	—	3o	64
20	—	—	4 1	»»
25	—	—	5 1	
3o	—	—	6 1	
35	—	—	7 1	
4o	—	—	8 1	
45	—	—	92	
5o	—	—	1 fr o2	
55	—	—	1	12
6o	—	—	1	23
65	—	—	1	33
7o	—	—	1	43
75	—	—	1	53
8o	—	—	1	63
85	—	—	1	73
9o	—	—	1	84
65	—	—	1	94
1 franc	—	—	2	o4
10 francs	—	—	2o	4o

Table 65.

A 5 c. le kilogram, la livre vaut			2 c	48 c
10	—	—	4	89
15	—	—	7	34
2o	—	—	9	79
25	—	—	12	27
3o	—	—	14	68
35	—	—	17	»»
4o	—	—	19	58
45	—	—	22	»»
5o	—	—	24	5o
55	—	—	27	»»
6o	—	—	29	37
65	—	—	32	
7o	—	—	34	
75	—	—	37	
8o	—	—	39	
85	—	—	42	
9o	—	—	44	
95	—	—	46	
A 1 franc.	—	—	49	
A 1o francs.	—	—	4	89

———*———

NOTICE

SUR

LE TEMPS VRAI

ET

LE TEMPS MOYEN.

Les horloges de Paris et des autres villes sont réglées sur le temps moyen, et par arrêté du 18 février 1839, M. le Ministre de l'intérieur a décidé que toutes les communes qui possèdent des horloges, et qui sont sur la route que parcourent les Courriers de l'administration des postes, feront regler leurs horloges, si non chaque jour, au moins une fois par semaine, sur le temps moyen.

Mais beaucoup de personnes ne savent pas ce que c'est que le temps moyen ; quelques autres qui savent qu'on distingue le temps moyen du temps vrai, séduites par ce mot *vrai* ne comprennent pas comment ce n'est pas le temps vrai qu'on préfère. Nous croyons qu'il ne sera pas inutile de donner ici quelques simples explications à ce sujet.

Les observations de la science ont prouvé

que le jour solaire n'a pas toujours la même
durée, il éprouve des variations telles que,
pendant presque toute l'année un jour a, soit
24 heures plus quelques secondes, soit 24
heures moins quelques secondes ; cette varia-
tion va quelquefois jusqu'à 3o secondes en un
jour.

Trente secondes sont inappréciables sur les
cadrans solaires dont les meilleurs sont encore
des instrumens fort imparfaits en fait de précision, mais l'accumulation des différences dans
un même sens, porte, à certaines époques de
l'année, la différence totale jusqu'à un quart
d'heure, soit en plus soit en moins.

Ainsi au commencement de novembre, cette
différence est de 16 minutes 16 secondes, puis
la différence diminue jusqu'au 25 décembre,
où elle est à peu-près nulle, et elle retrograde
jusqu'au 10 ou 11 février où elle se trouve être
de 14 miuutes 34 secondes en sens opposé.

Les différences sont un peu moins considéra-
bles dans les mois d'été, mais toujours est-il,
d'après ce que nous venons de dire, qu'une
montre ou une horloge bien réglée ne peut suivre
ces variations, et que même, si elle a été mise
à l'heure dans les premiers jours de novembre,
elle se trouvera, au bout de trois mois seule-
ment, différer d'une *demi-heure* avec le temps
indiqué sur le cadran solaire.

Or, c'est ce dernier temps que l'on a pris l'habitude d'appeler le temps vrai, parce qu'il est celui du soleil (*).

Pour éviter l'inconvénient d'avancer ou retarder continuellement la montre ou l'horloge, afin de la faire accorder avec cette marche inégale, les astronomes ont dressé des tables qui indiquent jour par jour les variations du jour solaire, c'est-à-dire l'heure que doit donner une montre bien réglée lorsque le soleil indique midi, c'est l'heure de ces tables qu'on appelle le temps moyen.

Les tables du temps moyen publiées dans *l'Annuaire du bureau des longitudes* tiennent compte des secondes ; cette précision va beaucoup au de là de ce qui est nécessaire dans l'usage ordinaire. Nous nous bornerons à donner les tables simplifiées qui suivent, que nous devons à l'obligeance de M. FRANCHEMONT, habile horloger mécanicien à Meaux.

(*) Il existe quelques pendules à balancier à équation qui suivent les variations du temps vrai, mais la complication de leur mécanisme et leur prix extrêmement élevé ne permettent pas d'en généraliser l'usage.

TABLES.

Indiquant la quantité de minutes dont le soleil est en avance ou en retard sur le temps moyen pendant le cours de l'année.

LE SOLEIL

Janvier			minut
	1	retarde de	4
	3	ret.	5
	6	ret.	6
	8	ret.	7
	10	ret.	8
	13	ret.	9
	16	ret.	10
	19	ret.	11
	22	ret.	12
	27	ret.	13

LE SOLEIL

Février			minut
	2	retarde de	14
	11	ret.	14 1/2
	20	ret.	14
	27	ret.	13

LE SOLEIL

Mars			minut
	4	retarde de	12
	8	ret.	11
	12	ret.	10
	16	ret.	9
	19	ret.	8
	22	ret.	7
	26	ret.	6
	29	ret.	5

LE SOLEIL

Avril			minut
	1	retarde de	4
	4	ret.	3
	8	ret.	2
	11	ret.	1
	15		0
	20	avance de	1
	25	av.	2

LE SOLEIL

Mai			minut
	1	avance de	3
	15	av.	4
	29	av.	3

LE SOLEIL

Juin			minut
	5	avance de	2
	10	av.	1
	15		0
	20	retarde de	1
	24	ret.	2
	29	ret.	3

LE SOLEIL

Juillet			minut
	4	retarde de	4
	10	ret.	5
	21	ret.	6
	26	ret.	6 1/6

Août.		LE SOLEIL	minut
	1	retarde de	6
	10	ret.	5
	16	ret.	4
	21	ret.	3
	25	ret.	2
	29	ret.	1

Novembre.		LE SOLEIL	minut
	3	avance de	16 1/4
	9	av.	16
	16	av.	15
	21	av.	14
	25	av.	13
	28	av.	12

Septembre.		LE SOLEIL	minut
	1		0
	4	avance de	1
	7	av.	2
	10	av.	3
	13	av.	4
	16	av.	5
	19	av.	6
	21	av.	7
	24	av.	8
	27	av.	9
	30	av.	10

Décembre.		LE SOLEIL	minut
	1	avance de	11
	3	av.	10
	6	av.	9
	8	av.	8
	10	av.	7
	12	av.	6
	14	av.	5
	16	av.	4
	18	av.	3
	20	av.	2
	22	av.	1
	24		0
	26	retarde de	1
	28	ret.	2
	30	ret.	3

Octobre.		LE SOLEIL	minut
	3	avance de	11
	7	av.	12
	10	av.	13
	15	av.	14
	20	av.	15
	27	av.	16

On remarquera facilement que les variations sont beaucoup moins grandes en été qu'en hiver, ce qui fit croire long-temps que les pendules se dérangeaient plus l'hiver que l'été.

TABLE.